BEI GRIN MACHT SICH IHR WISSEN BEZAHLT

- Wir veröffentlichen Ihre Hausarbeit,
  Bachelor- und Masterarbeit

- Ihr eigenes eBook und Buch -
  weltweit in allen wichtigen Shops

- Verdienen Sie an jedem Verkauf

Jetzt bei www.GRIN.com hochladen
und kostenlos publizieren

Lev Esipovich

Jnana-Yoga - ein Kurzüberblick

GRIN Verlag

Bibliografische Information der Deutschen Nationalbibliothek:

Die Deutsche Bibliothek verzeichnet diese Publikation in der Deutschen National-
bibliografie; detaillierte bibliografische Daten sind im Internet über http://dnb.d-
nb.de/ abrufbar.

Impressum:

Copyright © 2007 GRIN Verlag GmbH
Druck und Bindung: Books on Demand GmbH, Norderstedt Germany
ISBN: 978-3-640-90338-2

Dieses Buch bei GRIN:

http://www.grin.com/de/e-book/171102/jnana-yoga-ein-kurzueberblick

FACHHOCHSCHULE BRAUNSCHWEIG/WOLFENBÜTTEL

Karl - Scharfenberg - Fakultät Salzgitter
Verkehr- Sport- Tourismus- Medien

Referat

Jnana-Yoga

Lev Esipovich

Salzgitter, 23.05.2007

Inhaltsverzeichnis

1 Einleitung

„Alles Leben ist Leiden"[1]

Seit jeher haben sich die Menschen, unter dem Durst nach Wissen leidend, zahlreiche Grundfragen gestellt, solche wie: „Wer bin ich? Woher kommt die Welt? Was ist der wahre Sinn des Lebens? Was ist die absolute Wirklichkeit?". Nur Einzelnen ist es aber nach einem lebenslangen Weg der Suche nach der Erkenntnis gelungen, die absoluten Schlussfragen „der letzten Wahrheit" zu beantworten. Der Drang des Menschen nach Wissen, wobei Wissen eine der drei göttlichen Mächte darstellt (die anderen zwei sind Liebe und Wille), zeugt von dem Streben, seine Seele „zum Göttlichen Wesen"[2] aufsteigen zu lassen.

Das Ziel dieser Hausarbeit ist es somit, den Weg des Wissens (*Jnana-marga*) im Zusammenhang mit der Vedanta-Philosophie darzustellen. Dieser Pfad des Yoga wird also im Folgenden so besprochen, wie ihn der große indische Meister Shankara in seinen Werken darstellt. Besonders wird auf die drei Körper und die fünf Hüllen des Menschen sowie deren Transzendenz als grundlegende Themenbereiche des Jnana-Yoga eingegangen.

2 Jnana-Yoga

„Für den Sinn des Lebens
sorgt das Leben
genau so lange
bis wir fragen"[3]

Jnana-marga ist einer der vier Yoga-Wege zu dem Aufhellen, dem Erwachen und Allumfassenden und stellt den intellektuellen Pfad dar, der den menschlichen Verstand von den Fesseln der illusionären Weltkonzeption (*Maya*) befreit und ihn zum wahren Wissen führt. Die anderen drei Yogawege sind: *Karma Yoga, Raja Yoga* und *Bhakti Yoga.*

---

[1] Möller, P.: Buddhismus, 2006, o.A.
[2] Aurobindo, S.: Die Synthese, 2000, S. 557.
[3] Hein, P. (zitiert nach Janakananda, S.: Tantra, 1998, o.A.)

Der schwere Weg des Jnana führt den Menschen zur ewigen Wahrheit und „zu dem einzig-höchsten Selbst"[4] durch die Veränderung seines Wissens über sich selbst und die umliegende Welt. *Jnana-Yoga* gründet auf der Behauptung, dass die Ursachen für alle Probleme und das Unglück des Menschen in seinem Nichtwissen (*Avidya*) verwurzelt sind. Durch *Avidya* hat der Mensch vergessen, was sein absolutes Selbst (*Atman*) ist und wie die ewige Wahrheit (*Brahman*) aussieht. Das Ziel des Menschen laut der *Jnana*-Philosophie ist es somit, *Avidya* zu bekämpfen und am Ende *Atman* und *Brahman* zu erreichen.[5] Hierbei bezieht sich *Atman* auf das Individuum und wird häufig als eigene Seele verstanden, wobei sich *Brahman* auf das Universum bezieht und als Urgrund allen Seins, als Welt-seele, verstanden wird.[6]

2.1 Vedanta-Philosophie

„Mein selbst ist das Selbst von allen"[7]

Jnana-Yoga beruht auf der *Vedanta*-Philosophie, die der große indische Meister Shankara im 8. Jahrhundert formuliert hat[8], welche aber seit ungefähr dem 7. Jh. v. Chr. unter einer Sammlung von philosophischen Schriften des Brahmanismus, auch *Upanishaden* genannt, bekannt ist. Die *Upanischaden* stellen seinerseits einen jüngeren Teil der Schriften, die von verschiedenen Personen zu verschiedenen Zeiten (etwa in der Zeit zwischen 1500 und 400 vor unserer Zeitrechnung) aufgezeichnet worden sind, dar und werden als „*Veda*" (indisch: Wissen) bezeichnet. *Vedanta* ist als ein Modell der Wirklichkeit zu verstehen und postuliert eine Einheit von *Brahman* (Welt-Seele) und *Atman* (Einzel-Seele). Als Ziel des Lebens gilt es somit, die Einheit von *Atman* und *Brahman* zu erkennen.

---

[4] Aurobindo S.: Die Synthese, 2000, S. 48.
[5] Vgl. ebd. S.48.
[6] Vgl. Möller, P.: Die Lehre, 2007, o.A.
[7] Bowes, J.: Die Psychologie, 1996, S.68.
[8] Vgl. dtv Lexikon: Schankara, 1997, S. 325.

Demzufolge gilt die *Vedanta* als Philosophie der Einheit und besagt daher, dass ein ge-
meinsames Bewusstsein in uns Allen herrscht.[9] Mit diesem Grundsatz erklärt die Philosophie des *Jnana-Yoga* eines der drei Yoga-Prinzipien: „Leben in Liebe mit sich selbst
und den Anderen"[10]. Der Mensch sollte daher auf Grund der Existenz des gemeinsamen
Bewusstseins alle lieben, weil ihm sonst sein eigenes Bewusstsein, also er selbst, sich
nicht gefallen würde.

Des Weiteren hilft die *Vedanta*-Philosophie dem Menschen die Wirklichkeit zu begrei-
fen und sagt: „Lerne die Unterscheidung zwischen dem Wahren und dem Unwahren"[11].
Folglich sollte das menschliche Wesen die Wirklichkeit vom Materiellen unterscheiden
können und sein Leben in Einfachheit leben. Daher kommt hier das zweite Yoga-
Prinzip zum Tragen: „Richte dein Leben nicht nach Materiellem aus"[12].
Weiterhin sollte der Mensch nach *Vedanta* auch keine Illusionen erzeugen. Er sollte
versuchen, sein wahres Selbst zu erkennen und in Wahrhaftigkeit zu leben. Hier kommt
das dritte Prinzip des Yoga zur Sprache: „Steh zu den Sachen, die du machst"[13]. Dies
könnte wie folgt verstanden werden: Sei ehrlich zu dir selbst! Daraus kann man erkennen, dass, wenn die Postulate der *Vedanta*-Philosophie begriffen sind, der Mensch ohne
weiteres zum *Dharma*, zum Leben im Einklang mit den Yoga- Prinzipien, gelangt.
Was trennt aber alle Menschen voneinander? Wieso können die Menschen das gemein-
same Bewusstsein in allen nicht mehr wahrnehmen? Der Grund für die Trennung ist
unser Geist und unser Körper, genauer gesagt unsere fünf Sinne (Sehen, Hören, Riechen, Schmecken, Tasten), die der Mensch nicht kontrollieren kann, und ihre Wahrnehmung. Wegen *Avidya* identifiziert sich der Mensch nur mit seiner illusorischen Welt,
den eigenen körperlichen Wahrnehmungen und Gefühlen. Diese Identifikation mit dem
Körper, dem Geist und der eigenen Persönlichkeit führt zu Leid und Schmerz im Leben,
da der Mensch intuitiv weiß, dass seine wahre Natur *sat-chit-ananda* (Beschreibung des
Brahmans in *Vedanta*) ist.[14] Somit begrenzt er sich selbst, wobei sich diese sogenannten
Upadhis (Begrenzungen) in seinen drei Körpern und fünf Hüllen kenntlich machen. In
diesen Begrenzungen versteckt sich das ewige Glück des Menschen: „Unter den fünf

---

[9] Vgl. Aurobindo, S.: Die Synthese, 2000, S. 48.
[10] Rietzler-Sachs, P.: Skript, 2007, o.A.
[11] Sivananda, S.: Vedanta, 2005, o.A.
[12] Rietzler-Sachs, P.: Skript, 2007, o.A.
[13] Ebd., o.A.
[14] Vgl. Bretz, S.: Vedanta, 2006, o.A.

Hüllen, die die eigene *Maya* webt, und mit dem physischen Körper beginnen, bleibt der *Atman* verborgen, wie das Wasser in einem Teich, der dicht mit Algen bedeckt ist. Wenn diese entfernt sind, tritt das Wasser klar hervor. Es stillt den Durst der Menschen, kühlt ihn und macht ihn glücklich."[15]

2.2 Die drei Körper und fünf Hüllen

> *„Die fünf Hüllen sind geschaffen worden aus Nahrung, Lebensenergie, Geist, Einsicht und Glückseligkeit."*[16]

Nach der *Vedanta*-Philosophie drückt sich unser *Atman*, unser reines Selbst, in drei Körpern aus: in dem physischen Körper (*sthula sharira*), Astralkörper (*sukshma sharira*) und Kausalkörper (*karana sharira*). Die *Sharira* (Körper) enthalten seinerseits fünf Hüllen: die Nahrungshülle des physische Körpers (*Annamaya kosha*); die Energiehülle (*Pranamaya kosha*), die geistig emotionale Hülle (*Manomaya kosha*) sowie die intellektuelle Hülle (*Vijnanamaya kosha*) des Astralkörpers und schließlich die Wonnehülle (*Anandamaya kosha*) des Kausalkörpers.[17]

Der grobstoffliche (*Sthula*) Körper (*Sharira*) besteht aus Nahrung (*Anna*), die wir essen. Wenn sich der Mensch überwiegend vom Schweinefleisch, Rind u.s.w. ernährt, dann besteht seine Hülle aus dem Fleisch dieser Tiere. Die Stoffe, aus denen unsere Zellen bestehen, wechseln sich alle hundert Tage. Der ständige Stoffwechsel bewirkt schließlich, dass sich die Hülle (*Kosha*) des physischen Körpers in einem wechselnden Zustand befindet. Dieser grobstoffliche Körper ist aber ohne die zwei anderen Körper leblos, so dass der Mensch nur einem Mineral gleicht, welches nur sein *Annamaya* besitzt.

Unser zweiter Körper ist „feinstofflich" (*Sukshma*) und besteht aus *Prana* (Lebensenergie), *Manas* (Gedanken und Emotionen) und schließlich aus *Vijnana* (Intellekt und Wissen). Unsere vitale Energiehülle (*Pranamaya kosha*) ist für die Wahrnehmung der Körperfunktionen wie Verdauung, Kreislauf u.s.w. zuständig. Auf der *Manomaya kosha*

---

[15] Shankara: Das Kleinod, 1987, o.A. (zitiert nach Schobinger, L.: Die Upanishaden, o.A., S. 4.)
[16] Upanishad, P. (zitiert nach Janakananda, S.: Tantra, 1998, o.A.)
[17] Vgl. Bretz, S.: Jnana, 2006, o.A.

befinden sich unsere Emotionen, Gefühle sowie das einfache Denken. Diese Hülle existiert durch unsere Sinne (*Jnana Indriyas*: Sehen, Riechen, Hören, Schmecken, Fühlen) und wird als unser Emotionalkörper verstanden. Die dritte Hülle des Astralkörpers (*Vijnanamaya kosha*) hat zwei Funktionen: Sie steuert *Ahamkara* (das Selbstbewusstsein) und *Buddhi* (den Intellekt als Vernunft verstanden). Diese Hülle unterscheidet daher den Menschen vom Tier, welches kein Selbstbewusstsein und keinen Intellekt sondern nur einfache Gedanken, Emotionen und Gefühle besitzt.[18]

Der Kausalkörper (*kanala sharira*) heißt so, weil dieser die Ursache für alles ist. So aktiviert die Energie, die von diesem Körper ausgeht, den mentalen Körper (Astralkörper) und der Astralkörper aktiviert folglich seinerseits schon den physischen Körper. Der Kausalkörper enthält die sogenannte Hülle der Glücksseligkeit (*Anandamaya kosha*). Diese letzte Hülle verdeckt das wahre Selbst *(Atman)* und besteht aus der positiven Energie, „die mit dem göttlichen verbunden ist"[19].[20]

In allen drei Körper wirken die drei *Gunas*, die die natürlichen Zustände und die Charaktertypen des Menschen in drei Arten unterteilen: *Sattwa* (Ausgeglichenheit, Harmonie), *Rajas* (Aktivität, Unruhe) und schließlich *Tamas* (Dunkelheit, Trägheit, Schwere). Als Folge hat jeder Mensch *Jiva*, seine individuelle Seele, die uns alle zu Individuen macht und uns sogleich trennt.[21]

2.3 Transzendenz und Reinigung der Existenzhüllen

Wie kann man über die fünf Hüllen der Existenz hinauszugehen und somit die *Upadhis* überschreiten? Wie kann man diese transzendieren? Unsere Energiehülle (*Pranamaya kosha*) muss man durch *Pranayama* (Atemübungen) reinigen. Als *Pranayama* werden die Übungen bezeichnet, die helfen, unseren Atem zu kontrollieren, und durch welche unser Körper und Geist zusammengeführt wird. Diese Übungen führen zur „Wahrnehmung seines Selbst"[22] und bringen unsere Energie zum Fließen.[23] Die emotionale Hülle

---

[18] Vgl. Bretz, S.: Jnana, 2006, o.A.
[19] Monro, R.: Yoga, 2001, S.10.
[20] Vgl. Bowes, J.: Die Psychologie, 1996, S.66f.
[21] Vgl. Bretz, S.: Vedanta, 2006, o.A.
[22] Schwarz, A.: Yoga easy, 1994, S.11.
[23] Vgl. Monro, R.: Yoga, 2001, S.64.

(*Manomaya kosha*) wird durch Singen, *Mantras* (formelhafte Wortfolge, die mehrmals wiederholt wird), durch die Meditation und selbstloses Dienen transzendiert, was dem Freisetzen mentaler Energie dient. Durch das Studium der Schriften sowie die Meditation wird die Verstandeshülle (*Vijnanamaya kosha*) überschritten. Die letzte Hülle, die Hülle unseres Kausalkörpers (*Anandamaya kosha*), muss man versuchen mittels des Ekstasen (*Samadhi*) zu überschreiten. Durch *Samadhi* löst sich unser Geist im Ewigen und Absoluten, in dem *Atman*, wodurch man zu dem reinen Bewusstsein zurückfindet. Wenn *Anandamaya kosha* gereinigt ist, dringt ihre positive freigewordene Energie durch die darunter liegenden Hüllen und führt zur Harmonie und Gleichgewicht.[24] Wenn aber Ungleichgewicht in den unteren Hüllen herrscht, wird die Bewegung der Harmonie blockiert. Folglich müssen die Hüllen eine nach der anderen, von der untersten aus, transzendiert werden, damit die positive Energie, die durch die Reinigung von *Anandamaya kosha* entsteht, freie „Durchgangskanäle" hat.

3 Fazit

„Alles Leben ist Yoga"[25]

Vedanta-Philosophie, auf der das *Jnana-Yoga* beruht, erinnert den Menschen an seine tatsächliche göttliche Natur, die er durch *Maya* nicht mehr sieht. Nach dieser Philosophie wird dem menschlichen Wesen eine Stellung zugewiesen, die eigentlich keine Äquivalenz in den Weltreligionen findet. So vergleicht *Vedanta* nicht Gottes Sohn bzw. seine Diener mit Gott, wie das beispielsweise aus der christlichen Religion bzw. aus dem Islam bekannt ist, sondern auch den Menschen selbst: „Der Mensch ist im wesentlichen identisch mit dem höchsten Wesen".[26]
Der Mensch, der *Jnana-Yoga* studiert, versteht klar, dass Yoga nicht nur als eine Methode, um zur ewigen Wahrheit zu kommen, empfunden werden kann. Der Mensch muss selbst finden, fühlen und jene Wahrheiten realisieren, die den Inhalt der Philosophie des *Yoga* bilden. Die Wahrheiten, die man schon im vorbereiteten Zustand von den

---

[24] Vgl. ebd., S.11.
[25] Aurobindo S.: Die Synthese, 2000, S. 7.
[26] Sivananda, S.: Vedanta, 2005, o.A.

anderen Menschen oder aus den Büchern erhalten kann, werden nicht solch eine Ein-
wirkung auf den Verstand oder die Seele haben, wie die Wahrheiten, die man selbst
erreicht hat. Diese Wahrheiten sucht man sehr lange, ein Leben lang, und man kämpft
sogar mit diesen, bevor man sie einnimmt. *Jnana-Yoga* lehrt den Mensch, dass die
Wahrheit für ihn nur das sein kann, was er selbst als Wahrheit empfindet.[27]

---

[27] Vgl. Uspenskij, P.: Model, 2005, o.A.

Literaturverzeichnis

1. Aurobindo, Sri [Die Synthese, 2000]: Die Synthese des Yoga, Gladenbach, Hinder + Deelmann, 2000

2. Bowes, Johanna [Die Psychologie, 1996]: Die Psychologie des Yoga, Marburg, Diagonal, 1996

3. Bretz, Sukadev [Jnana, 2006]: Jnana Yoga, Vedanta-Philosophie, in: http://www.yoga-vidya.de/Yoga--Artikel/dreikorper_hullen.html (Stand: 14.05.2007)

4. Bretz, Sukadev [Vedanta, 2006]: Einführung in Vedanta, in: http://www.yoga-vidya.de/Yoga--Artikel/EinfinVedanta.html (Stand: 14.05.2007)

5. dtv Lexikon in 20 Bänden [Shankara, 1997]: Band 16 (Sai-Sid), München, Deutscher Taschenbuch Verlag, 1997

6. Möller, Peter [Buddhismus, 2006]: Die Lehre Buddhas, in: http://www.philolex.de/buddhism.htm (Stand: 14.05.2007)

7. Möller, Peter [Die Lehre, 2007]: Die Brahman-Atman Lehre, in: http://www.philolex.de/brahatma.htm (Stand: 16.05.2007)

8. Monro, Robin [Yoga, 2001]: Fit und gesund mit Yoga, Bindlach, Gondrom, 2001

9. Hein, Piet, zitiert nach Janakananda, Swami [Tantra, 1998]: Tantra und Yoga Nidra, in:
http://www.yogaimzentrum.de/infowelt/die_binduartikel_online_lesen/bindu_9/tantra_und_yoga_nidra (Stand: 16.05.2007)

10. Rietzler-Sachs, Petra [Skript, 2007]: Skript zum Seminar „Yoga", 2007

11. Schwarz, Aljoscha [Yoga easy, 1994]: Yoga easy, München, Humboldt, 1994

12. Shankara [Das Kleinod, 1967]: Das Kleinod der Unterscheidung. Ein Juwel indischer Weisheitsliteratur, Scherz, 1987 (zitiert nach Schobinger, Linda: Die Upanishaden, in: http://www.yoga-richterswil.ch/Upanishaden.pdf (Stand: 16.05.2007))

13. Sivananda, Swami [Vedanta, 2005]: Vedanta, in: http://www.yoga-vidya.de/Yoga--Artikel/Art-Artikel/art_vedanta.html (Stand: 16.05.2007)

14. Upanishad, Paingala zitiert nach Janakananda, Swami [Tantra, 1998]: Tantra und Yoga Nidra, in: http://www.yogaimzentrum.de/infowelt/die_binduartikel_online_lesen/bindu_9/t antra_und_yoga_nidra (Stand: 16.05.2007)

15. Uspenskij, Pjetr [Model, 2005]: Novaja model vselennoj, in: http://psylib.org.ua/books/uspen02/txt06.htm (Stand: 13.05.2007)